· T R O F E O S ·

Evaluación integral

Grado 1 ◆ Edición del maestro

Harcourt

Orlando   Boston   Dallas   Chicago   San Diego

Visite *The Learning Site*

www.harcourtschool.com

Table of Contents

Introduction

Directions

Scoring/Interpreting

Annotated Student Pages

Harcourt • Holistic Assessment

Trofeos
Assessment Components

• •

The chart below gives a brief overview of the assessment choices that are available at this grade. The titles in bold face can be found in this Teacher's Edition.

Entry-Level Assessments	To plan instruction
Placement and Diagnostic Assessments	◆ To determine the best placement for a child and to assess strengths and weaknesses
Reading and Language Skills Pretests	◆ To determine a child's proficiency with selected skills *before* starting instruction
Formative Assessments	**To monitor student progress**
End-of-Selection Tests	◆ To monitor a child's comprehension of each selection and selection vocabulary
Assessment notes at "point of use" in the Teacher's Edition	◆ To monitor selected skills and strategies as they are taught
Oral Reading Fluency Assessment	◆ To monitor how automatically a child applies decoding skills and recognizes high frequency vocabulary
Mid-Year Reading and Language Skills Assessment	◆ To monitor how well a child has retained reading and language skills
Summative Assessments	**To assess mastery of skills taught** **To assess ability to apply skills and strategies**
Reading and Language Skills Posttests	◆ To assess mastery of reading and language skills taught in a theme
Holistic Assessment	◆ To evaluate a child's ability to apply reading and writing skills and strategies to new situations
End-of-Year Reading and Language Skills Assessment	◆ To evaluate mastery of reading and language skills taught during the year

Harcourt • Holistic Assessment

Holistic Assessment

Description of the Assessments

The *Holistic Assessments* are criterion-referenced tests. The primary purpose of these assessments is to determine whether children have mastered the content of instruction and to document long-term growth.

At Grade 1, six *Holistic Assessments* are available—one for each book at this grade. A Reading Assessment is provided for Books 1-1, 1-2, and 1-3. For Books 1-4 and 1-5, both a Reading Assessment and an optional Writing Assessment are provided.

Reading Assessment

The Reading Assessment evaluates reading comprehension in a global and holistic manner and helps determine whether a child can apply the reading skills and strategies that have been taught. Each assessment consists of two reading selections. Most of the selections have been taken from children's trade books and magazines. A variety of fiction, nonfiction, and functional passages have been used. Each reading passage is preceded by a "purpose for reading" that helps children focus on the passage.

The format of the Reading Assessments varies slightly from *Adivina quién* (Book 1-1) to *¡Acérquense!* (Book 1-5) to reflect the developmental changes children undergo during Grade 1. Every attempt has been made to keep the assessments child-friendly and nonthreatening to emergent readers. The following table summarizes key differences in format and administration for the five Reading Assessments at Grade 1.

Summary of Assessment Formats and Methods of Administration

Book	Multiple-Choice Items	Open-Ended Iterms	Administration
1-1	Answer choices are pictures, not words.	Children draw; labeling and writing are suggested but optional.	Teacher reads passages and questions aloud.
1-2	Answer choices are a combination of pictures and words.	Children draw; labeling and writing are suggested but optional.	Teacher reads passages and questions aloud.
1-3	Answer choices are a combination of pictures and words.	Children draw; labeling and writing are suggested but optional.	Teacher reads passages and questions aloud.
1-4	Answer choices are words only; no pictures.	Children are encouraged to write but may draw to support their writing.	Children read passages and questions independently.
1-5	Answer choices are words only; no pictures.	Children are encouraged to write but may draw to support their writing.	Children read passages and questions independently.

A total of 8 items are used on each assessment—6 multiple-choice items and 2 short-response open-ended items. The items are designed to assess a child's ability to *apply* comprehension skills and strategies in meaningful situations. A scoring rubric and model student responses are provided for scoring the answers to the open-ended items.

Writing Assessment

The Writing Assessments used in *Todos juntos* (Book 1-4) and *¡Acérquense!* (Book 1-5) measure a child's ability to produce, on demand, the major type of writing taught in those books. The optional "Getting Ready to Write" section introduces the writing prompt, gives some leading questions to help children focus on the task, and encourages children to think about what they will write. The "Time to Write" section restates the prompt and provides a place for children to write their final draft. The following table summarizes the Writing Assessments available at this grade level.

Summary of Writing Assessments for Grade 1

Assessment	Writing Type	Writing Topic
Book 1-4	Friendly Letter	Write a letter to a friend. Tell your friend what makes you happy.
Book 1-5	Story	Write a story to tell what is happening in the picture.

General Assessment Considerations

Before Getting Started

The following suggestions will help provide a valid and reliable assessment.

1. Be thoroughly familiar with the *Holistic Assessment* before administering the assessment. One way to become familiar with any assessment is to administer the assessment to yourself to alert you to any procedural difficulties your children may encounter.
2. Seat the children so that you can easily observe them. This will help you not only determine if children are on the correct page when the assessments are started but also see that they mark answers to the items appropriately.
3. Be sure that each child has a pencil to mark responses and has his or her name on the front of the test booklet.
4. Have on hand a demonstration copy of a test booklet as well as the directions for administering the assessment found in this Teacher's Edition. The general directions to the teacher are printed in regular type. The specific directions to be read aloud to the children are printed in *italic* type.

Scheduling the Assessment

It is suggested that each assessment be administered in one sitting. The *Holistic Assessment* is not a timed test. For Books 1-1, 1-2, and 1-3, the passages are dictated so the teacher controls the pacing of the assessment. Most children should be able to complete these assessments in 15 to 20 minutes. The assessments for Book 1-4 and Book 1-5 require children to work independently. Most children should complete these assessments in 30 minutes or less.

Providing for Children with Special Needs

Many school districts are faced with the challenge of adapting instruction and assessment to meet the needs of special learners. These may be children who are acquiring English as a second language, as well as children who are physically, emotionally, or developmentally challenged by disabilities. Because the *Holistic Assessments* are not standardized, the procedures for administering them can be adjusted to meet the needs of special learners. A place is provided on the cover of each test booklet to indicate what, if any, accommodations were made.

Teachers may help children who have difficulty reading the selections independently by

◆ pairing a less-proficient reader with a more-proficient reader in a buddy system so that the more-able child can provide help when needed.
◆ having volunteers use pantomime, gestures, or props to demonstrate for the children key words or ideas in the reading.
◆ providing assistance one-on-one or in small groups to pronounce difficult words and explain unfamiliar concepts.
◆ permitting children to take the reading selection home to have parents, friends, or siblings read it to them.

Keep in mind that the more assistance you give, the more removed the assessment is from being a measure of a child's *independent* reading level.

Specific Directions for Administering

Directions for *Adivina quién*/Book 1-1

Write each child's name on an assessment booklet before distributing the booklets; or, if you prefer, distribute the booklets and have children write in their names. When administering the assessment, read the directions as they are written, using a natural tone and manner. If necessary, rephrase the directions in your own words to help children better understand what is required of them. Do not, however, give help on specific assessment questions. Pace directions so that all children have time to answer. Directions that should be read to children are printed in *italic* type. Directions that are for your information only (not to be read to children) are printed in regular type.

Prior to administering the assessment, read the following general directions to children.

Say: *En el día de hoy haremos algo especial. Vamos a leer todos juntos y luego ustedes responderán algunas preguntas acerca de lo que hemos leído en este cuaderno de respuestas Como ayuda, leeré los cuentos y las preguntas en voz alta, mientras la clase lo hace en silencio. Después ustedes contestarán cada pregunta rellenando el círculo correspondiente debajo del dibujo en el cuaderno de respuestas. Al contestar las preguntas sobre lo que hemos leído juntos, ustedes me permitirán saber si realmente han comprendido el cuento. Algunas de las preguntas les resultarán muy fáciles mientras que otras les parecerán más difíciles. Traten de responder lo mejor que puedan. Ahora abran el cuaderno de respuestas en la página 1.*

Draw a big numeral 1 on the board. Walk around and make sure each child is on page 1.

Say: *Miren en la parte superior de esa página. Hay un pequeño cuento llamado "Excursión a una granja". Pongan su dedo junto al cuento en la parte de arriba de la página. De ese modo yo veré si ustedes están en el lugar correcto.*

Hold up a copy of the booklet and show where the short sample story is found. Walk around and make sure all children have found the sample story.

Say: *Primero les leeré una pregunta sobre el cuento. "¿Adónde van los niños?" Piensen acerca de esta pregunta a medida que leemos el cuento juntos. Escuchen cuidadosamente y síganme en silencio mientras leo en voz alta.*

Read the following out loud:

Excursión a una granja
Ann y Sam están contentos.
Van de excursión a una granja.
Allí verán muchos animales.
Ann quiere ver un cerdo.
Sam quiere ver algunos caballos.

Say: *Ahora busquen la pregunta 1 debajo del cuento. Pongan su dedo sobre la pregunta 1 y observen los tres dibujos que aparecen al lado.*

Hold up a copy of the assessment booklet to show where question number 1 is located. Check to see that all children have found the place under the story where the first question appears.

Say: *Escuchen cuidadosamente mientras yo leo la pregunta 1. ¿"Este cuento se trata de _____."Respuesta A, ¿la pesca? Respuesta B, ¿una excursión a una granja ? o Respuesta*

C, ¿una niña? ¿Cuál de los dibujos contesta esa pregunta?

Call on a volunteer to answer the question.

Say: *Está muy bien. Esta historia se refiere a una excursión a la granja. La respuesta B es la correcta.*

Ahora les explicaré cómo marcar las respuestas. Para cada pregunta, buscarán entre todos los dibujos y elegirán la mejor respuesta. Luego con un lápiz rellenarán en el círculo A, B, o C debajo de la respuesta seleccionada. Si ustedes cambian de idea, pueden borrar completamente la marca y luego rellenar la respuesta que quieran.

Demonstrate on the board how to mark the correct answer.

Say: *Ahora usen su lápiz y rellenen la respuesta B para la pregunta 1 porque "una excursión a la granja" es la respuesta correcta.*

Busquen la pregunta 2 en esta página. Pongan su dedo sobre la pregunta 2 y observen los tres dibujos que aparecen al lado.

Check to see that all children have found the second question under the story.

Say: *Escuchen cuidadosamente mientras yo leo la pregunta 2. ¿Qué quiere hacer Sam? Respuesta A, ¿montar en bicicleta? Respuesta B, ¿jugar con Ann? o Respuesta C, ¿ver algunos caballos? ¿Cuál de los dibujos contesta esa pregunta?*

Usen su lápiz para rellenar la respuesta correcta en A, B o C. Recuerden que si ustedes cambian de idea, pueden borrar completamente la marca y luego rellenar la respuesta que quieran.

Say: *¿Qué respuesta marcaron?*

Pause for replies. (Answer C)

Say: *Sí, muy bien. Sam quiere ver algunos caballos. Ustedes deberían haber rellenado el círculo C. Si así no lo hicieron por favor borren la marca y cambien a C.*

Check to make sure children have marked the second sample question correctly. Help any children who are having difficulty.

Say: *Ahora leeremos algunos cuentos más largos. Ustedes contestarán las preguntas sobre lo que leemos. Den vuelta la página del cuaderno de respuestas y vean la página 2.*

Be sure all children are on the right page.

Voy a leer el cuento que comienza en la página 2, llamado "La cometa perdida". Les leeré parte de la historia y luego me detendré para hacer algunas preguntas. Después que termine de leer todo el cuento contestaremos más preguntas.

Read the purpose question aloud.

Say: *¿Qué le sucedió a la cometa de Margie? Piensen acerca de esta pregunta mientras leemos el cuento juntos. Escuchen cuidadosamente y síganme mientras leo el cuento.*

Read the first part of "The Missing Kite" (page 2) aloud.

Say: *Vayan a la página 3. En la parte de arriba busquen la pregunta número 1. Pongan su dedo sobre la pregunta número 1. Escuchen cuidadosamente mientras yo leo la pregunta: ¿Dónde vive Margie? ¿Cuál de los dibujos muestra dónde vive Margie? Respuesta A, ¿en un zoológico?. Respuesta B, ¿en un árbol? Respuesta C, ¿en una casa? Rellenen el círculo debajo del dibujo que muestra dónde vive Margie.*

Pause and wait for all children to mark their answers.

Say: *Ahora busquen la pregunta 2 de esta página. Pongan su dedo sobre la pregunta y observen los tres dibujos que allí aparecen. ¿Qué perdió Margie? Respuesta A, ¿una cometa?, Respuesta B, ¿un mono? Respuesta C. ¿una jirafa? Rellenen el círculo debajo del dibujo que muestra qué perdió Margie.*

Harcourt • Holistic Assessment

Pause and wait for all children to mark their answers.

Say: *Ahora vayan a la página 4. Síganme a medida que leo el resto de la historia en voz alta.*

Read the second part of "The Missing Kite" (page 4) aloud.

Say: *Vayan a la página 5. Busquen la pregunta número 3 en la parte superior de la página. Pongan su dedo sobre la pregunta. ¿Quién ayudó a Margie a encontrar lo que perdió? Respuesta A, ¿su papá? Respuesta B, ¿su mamá? Respuesta C, ¿su hermano? Rellenen el círculo debajo del dibujo que muestra quién ayudó a Margie a encontrar lo que perdió.*

Pause and wait for all children to mark their answers.

Say: *Ahora busquen la pregunta número 4 de esta página. Pongan su dedo sobre la pregunta. Ésta es diferente a las anteriores. Escuchen a medida que leo las instrucciones. Hagan un dibujo que muestre quién encontró la cometa primero. Quiero que ustedes dibujen la respuesta a esta pregunta en la casilla de la página 5.*

Pause and wait for all children to draw their answers.

Say: *Ahora vayan a la página 6. Les voy a leer otro cuento llamado "Llámenme para despertarme". Con esta historia haremos lo mismo que con la anterior.*

Say: *"¿Por qué los pájaros son ruidosos?" Piensen acerca de esta pregunta mientras leemos el cuento juntos.*

Read the first part of "Wake-Up Call" (page 6) aloud.

Say: *Vayan a la página 7 y busquen la pregunta número 5 en la parte de arriba de la página. ¿Qué escucha Jordan a través de la ventana? Respuesta A, ¿un mono? Respuesta B, ¿un cardinal? Respuesta C, ¿un niño? Rellenen el círculo debajo del dibujo que muestra qué escucha Jordan a través de la ventana.*

Pause and wait for all children to mark their answers.

Say: *Ahora busquen la pregunta número 6 de esta página. ¿Adónde se posó el azulejo? Respuesta A, ¿sobre la cerca? Respuesta B, ¿sobre una ventana? Respuesta C, ¿sobre la entrada para autos? Rellenen el círculo debajo del dibujo que muestra dónde se posó el azulejo.*

Pause and wait for all children to mark their answers.

Say: *Vayan a la página 8. Síganme a medida que leo el resto de la historia en voz alta.*

Read the second part of "Wake-Up Call" (page 8) aloud.

Say: *Vayan a la página 9 y pongan su dedo sobre la pregunta 7. ¿Qué llevó Jordan afuera? Respuesta A, ¿una toalla? Respuesta B, ¿una pelota de baloncesto? Respuesta C, ¿una cubeta de alimento? Rellenen el círculo debajo del dibujo que muestra qué llevó Jordan afuera.*

Pause and wait for all children to mark their answers.

Say: *Ahora pongan su dedo sobre el número 8. Escuchen mientras yo leo las instrucciones. Hagan un dibujo que muestre qué harán los pájaros después. Quiero que dibujen su respuesta a esta pregunta en la casilla de la página 9.*

Encourage children to label their drawings. Some children may be capable of writing only a single word to identify what they have drawn; however, if others are capable of writing phrases or complete sentences, encourage them to do so.

Provide help for any child who has difficulty.

Allow sufficient time for children to complete the open-ended activity. Tell children this is the end of the testing and collect the assessment booklets.

Write each child's name on an assessment booklet before distributing the booklets; or, if you prefer, distribute the booklets and have children write in their names. When administering the assessment, read the directions as they are written, using a natural tone and manner. If necessary, rephrase the directions in your own words to help children better understand what is required of them. Do not, however, give help on specific assessment questions. Pace directions so that all children have time to answer. Directions that should be read to children are printed in *italic* type. Directions that are for your information only (not to be read to children) are printed in regular type.

Prior to administering the assessment, read the following general directions to children:

Say: *En el día de hoy haremos algo especial. Vamos a leer todos juntos y luego ustedes responderán algunas preguntas acerca de lo que hemos leído en este cuaderno de respuestas Como ayuda, leeré los cuentos y las preguntas en voz alta, mientras la clase lo hace en silencio. Después ustedes contestarán cada pregunta rellenando el círculo correspondiente debajo del dibujo en el cuaderno de respuestas Al responder las preguntas sobre lo que hemos leído juntos, ustedes me permitirán saber si realmente han comprendido el cuento. Algunas de las preguntas les resultarán muy fáciles mientras que otras les parecerán más difíciles . Traten de responder lo mejor que puedan. Ahora abran el cuaderno de respuestas en la página 1.*

Draw a big numeral 1 on the board. Walk around and make sure each child is on page 1.

Say: *Miren en la parte superior de esa página. Hay un pequeño cuento llamado "Excursión a una granja". Pongan su dedo junto al cuento en la parte de arriba de la página. De ese modo yo veré si ustedes están en el lugar correcto.*

Hold up a copy of the booklet and show where the short sample story is found. Walk around and make sure all children have found the sample story.

Say: *Primero les leeré una pregunta sobre el cuento. "¿Adónde van los niños?" Piensen acerca de esta pregunta a medida que leemos el cuento juntos. Escuchen cuidadosamente y síganme en silencio mientras leo en voz alta.*

Read the following out loud:

Excursión a una granja
Ann y Sam están contentos.
Van de excursión a una granja.
Allí verán muchos animales.
Ann quiere ver un cerdo.
Sam quiere ver algunos caballos.

Say: *Ahora busquen la pregunta 1 debajo del cuento. Pongan su dedo sobre la pregunta 1 y observen los tres dibujos que aparecen al lado.*

Hold up a copy of the assessment booklet to show where question number 1 is located. Check to see that all children have found the place under the story where the first question appears.

Say: *Escuchen cuidadosamente mientras yo leo la pregunta 1. ¿Este cuento se trata de _____? Respuesta A, ¿la pesca? Respuesta B, ¿una excursión a una granja ? o Respuesta C, ¿una niña? ¿Cuál de esas respuestas se refiere al cuento?*

Harcourt • Holistic Assessment

Call on a volunteer to answer the question.

Say: *Está muy bien. Esta historia se refiere a una excursión a la granja. La respuesta B es la correcta.*

Ahora les explicaré cómo marcar las respuestas. Para cada pregunta, buscarán entre todos los dibujos y elegirán la mejor respuesta. Luego con un lápiz rellenarán en el círculo A, B, o C debajo de la respuesta seleccionada. Si ustedes cambian de idea, pueden borrar completamente la marca y luego rellenar la respuesta que quieran.

Demonstrate on the board how to mark the correct answer.

Say: *Ahora usen su lápiz para rellenar la respuesta B para la pregunta 1 porque "una excursión a la granja" es la respuesta correcta.*

Busquen la pregunta 2 en esta página. Pongan su dedo sobre la pregunta 2 y observen los tres dibujos que aparecen al lado.

Check to see that all children have found the second question under the story.

Say: *Escuchen cuidadosamente mientras yo leo la pregunta 2. ¿Qué quiere hacer Sam? Respuesta A, ¿montar en bicicleta? Respuesta B, ¿jugar con Ann ? o Respuesta C, ¿ver algunos caballos?. ¿Cuál respuesta expresa mejor lo que Sam quiere hacer?*

Usen su lápiz para rellenar la respuesta correcta en A, B o C. Recuerden que si ustedes cambian de idea, pueden borrar completamente la marca y luego rellenar la respuesta que quieran.

Say: *¿Qué respuesta marcaron?*

Pause for replies. *(Answer C)*

Say: *Sí, muy bien. Sam quiere ver algunos caballos. Ustedes deberían haber rellenado el círculo C. Si así no lo hicieron, por favor borren la marca y cambien a C.*

Check to make sure children have marked the second sample question correctly. Help any children who are having difficulty.

Say: *Ahora leeremos algunos cuentos más largos. Ustedes contestarán las preguntas sobre lo que leemos. Den vuelta la página del cuaderno de respuestas y vean la página 2.*

Be sure all children are on the right page.

Voy a leer el cuento que comienza en la página 2, llamado "Un festín de sobras". Les leeré parte de la historia y luego me detendré para hacer algunas preguntas. Después que termine de leer todo el cuento contestaremos más preguntas.

Read the purpose question aloud.

Say: *"¿Qué pasa con toda la comida?" Piensen acerca de esta pregunta mientras leemos el cuento juntos. Escuchen cuidados-amente y síganme mientras leo el cuento.*

Read the first part of "Un festín de sobras" (page 2) aloud.

Say: *Vayan a la página 3. En la parte de arriba busquen la pregunta número 1. Pongan su dedo sobre la pregunta número 1. Escuchen cuidadosamente mientras yo leo la pregunta: ¿Qué hizo mamá? Respuesta A,¿ palomitas de maíz? Respuesta B, ¿un panecillo? Respuesta C, ¿ un sándwich? Rellenen el círculo debajo del dibujo que muestra qué hizo mamá.*

Pause and wait for all children to mark their answers.

Say: *Ahora vayan a la página 4. Continuaré leyendo este cuento. Síganme a medida que leo el resto de la historia en voz alta.*

Read the second part of "festín de sobras" (page 4) aloud.

Say: *Vayan a la página 5. Busquen la pregunta número 2 en la parte superior de la página. Pongan su dedo sobre la pregunta número 2. ¿Dónde puso el niño la manzana del pequeño Bob? Respuesta A, ¿en la basura? Respuesta B, ¿en la bolsa del almuerzo? Respuesta C, ¿en el plato? Rellenen el círculo debajo de la respuesta que muestra dónde puso el niño la manzana del pequeño Bob.*

Pause and wait for all children to mark their answers.

Say: *Ahora vayan a la página 6. Les leeré el resto del cuento. Síganme mientras leo la última parte de la historia en voz alta.*

Read the final section of "festín de sobras" (page 6) aloud.

Say: *Ahora vayan a la página 7 y busquen la pregunta 3 en la parte de arriba de la página. Síganme mientras leo la pregunta. ¿Qué vio el niño desde la ventana? Respuesta A, ¿vacas? Respuesta B,¿ pájaros? o Respuesta C, ¿ardillas? Rellenen el círculo que muestre qué vio el niño desde la ventana.*

Pause and wait for all children to draw their answers.

Say: *Ahora coloquen su dedo sobre el número 4 y escuchen mientras yo leo las instrucciones. Hagan un dibujo que muestre dónde puso el niño su comida al final de la historia. Quiero que ustedes dibujen la respuesta a esa pregunta en el casillero de la página 7. Si ustedes quieren rotular o escribir algo acerca del dibujo, por favor háganlo.*

Pause and wait for all children to mark their answers.

Say: *Vayan a la página 8 y busquen el cuento "¡Hip, Hip, Hipo!" Escuchen mientras leo la primera parte de este cuento.*

Read the first section of **"Hip, Hip Hippo"** (page 8) aloud.

Say: *Ahora vayan a la página 9 y pongan su dedo sobre la pregunta 5. Síganme mientras leo la pregunta. " ¿La mamá hipopótamo puede pesar más que _____." Respuesta A, ¿un tren ? Respuesta B,¿un automóvil? Respuesta C, ¿un edificio? Rellenen el círculo debajo de la respuesta que muestre qué cosa puede pesar menos que una mamá hipopótamo.*

Pause and wait for all children to mark their answers.

Say: *Ahora pongan su dedo sobre la pregunta número 6. ¿Dónde pasan la mayor parte del tiempo los hipopótamos?*

Respuesta A, ¿en los ríos? Respuesta B, ¿en los árboles? o Respuesta C, ¿en los jardines? Rellenen el círculo debajo de la respuesta que muestre dónde pasan la mayor parte del tiempo los hipopótamos.

Pause and wait for all children to mark their answers.

Say: *Vayan a la página 10 y síganme mientras yo continúo contando el cuento.*

Read the second section of "Hip, Hip Hippo" (page 10) aloud.

Say: *Vayan a la página 11 y pongan su dedo sobre la pregunta número 7 en la parte superior de la página. ¿Qué comen los hipopótamos? Respuesta A, ¿hierbas ? Respuesta B, ¿hojas? o Respuesta C, ¿peces? Rellenen el círculo debajo de la respuesta que se refiere a lo que los hipopótamos comen.*

Pause and wait for all children to mark their answers.

Say: *Ahora pongan su dedo sobre el número 8. Escuchen mientras yo leo las instrucciones. Hagan un dibujo que muestre qué hacen los hipopótamos después de comer. Quiero que dibujen la respuesta a esta pregunta en la página 11.*

Encourage children to label or write about their drawings. Some children may be capable of writing only a single word to identify what they have drawn; however, if others are capable of writing phrases or complete sentences, encourage them to do so.

Provide help for any child who has difficulty.

Allow sufficient time for children to complete the open-ended activity. Tell children this is the end of the testing and collect the assessment booklets.

Harcourt • Holistic Assessment

Directions for *Aquí y allá*/Book 1-3

Write each child's name on an assessment booklet before distributing the booklets; or, if you prefer, distribute the booklets and have children write in their names. When administering the assessment, read the directions as they are written, using a natural tone and manner. If necessary, rephrase the directions in your own words to help children better understand what is required of them. Do not, however, give help on specific assessment questions. Pace directions so that all children have time to answer. Directions that should be read to children are printed in *italic* type. Directions that are for your information only (not to be read to children) are printed in regular type.

Prior to administering the assessment, read the following general directions to children.

Say: *En el día de hoy haremos algo especial. Vamos a leer todos juntos y luego ustedes responderán algunas preguntas acerca de lo que hemos leído en este cuaderno de respuestas Como ayuda, leeré los cuentos y las preguntas en voz alta, mientras la clase lo hace en silencio. Después ustedes contest-arán cada pregunta rellenando el círculo correspondiente debajo del dibujo en el cuaderno de respuestas Al contestar las preguntas sobre lo que hemos leído juntos, ustedes me permitirán saber si realmente han comprendido el cuento. Algunas de las pre-guntas les resultarán muy fáciles mientras que otras les parecerán más difíciles. Traten de responder lo mejor que puedan. Ahora abran el cuaderno de respuestas en la página 1.*

Draw a big numeral 1 on the board. Walk around and make sure each child is on page 1.

Say: *Miren en la parte superior de esa página. Hay un pequeño cuento llamado "Excursión a una granja". Pongan su dedo junto al cuento en la parte de arriba de la página. De ese modo yo veré si ustedes están en el lugar correcto.*

Hold up a copy of the booklet and show where the short sample story is found. Walk around and make sure all children have found the sample story.

Say: *Primero les leeré una pregunta sobre el cuento. "¿Adónde van los niños?" Piensen acerca de esta pregunta a medida que leemos el cuento juntos. Escuchen cuidadosamente y síganme en silencio mientras leo en voz alta.*

Read the following out loud:

Excursión a una granja
Ann y Sam están contentos.
Van de excursión a una granja.
Allí verán muchos animales.
Ann quiere ver un cerdo.
Sam quiere ver algunos caballos.

Say: *Ahora busquen la pregunta 1 debajo del cuento. Pongan su dedo sobre la pregunta 1 y observen los tres dibujos que aparecen al lado.*

Hold up a copy of the assessment booklet to show where question number 1 is located. Check to see that all children have found the place under the story where the first question appears.

Say: *Escuchen cuidadosamente mientras yo leo la pregunta 1. ¿Este cuento se trata de _____? Respuesta A, ¿la pesca? Respuesta B, ¿una excursión a una granja ? o Respuesta C, ¿una niña? ¿Cuál de esas respuestas se refiere al cuento?*

Call on a volunteer to answer the question.

Say: *Está muy bien. Esta historia se refiere a una excursión a la granja. La respuesta B es la correcta.*

Ahora les explicaré cómo marcar las respuestas. Para cada pregunta, buscarán entre todos los dibujos y elegirán la mejor respuesta. Luego con un lápiz rellenarán en el círculo A, B, o C debajo de la respuesta seleccionada. Si ustedes cambian de idea, pueden borrar completamente la marca y luego rellenar la respuesta que quieran.

Demonstrate on the board how to mark the correct answer.

Say: *Ahora usen su lápiz y rellenen la respuesta B para la pregunta 1 porque "una excursión a la granja" es la respuesta correcta.*

Busquen la pregunta 2 en esta página. Pongan su dedo sobre la pregunta 2 y observen los tres dibujos que aparecen al lado.

Check to see that all children have found the second question under the story.

Say: *Escuchen cuidadosamente mientras yo leo la pregunta número 2. ¿"Qué quiere hacer Sam?" Respuesta A, ¿montar en bicicleta? Respuesta B, ¿jugar con Ann? o Respuesta C, ¿ver algunos caballos? ¿Cuál de las respuestas expresa lo que Sam quiere hacer?*

Usen su lápiz para rellenar la respuesta correcta en A, B o C. Recuerden que si ustedes cambian de idea, pueden borrar completamente la marca y luego rellenar la respuesta que quieran.

Say: *¿Qué respuesta marcaron?*

Pause for replies. (*Answer C*)

Say: *Sí, muy bien. Sam quiere ver algunos caballos. Ustedes deberían haber rellenado el círculo C. Si así no lo hicieron, por favor borren la marca y cambien a C.*

Check to make sure children have marked the second sample question correctly. Help any children who are having difficulty.

Say: *Ahora leeremos algunos cuentos más largos. Ustedes contestarán las preguntas sobre lo que leemos. Den vuelta la página del cuaderno de respuestas y vean la página 2.*

Be sure all children are on the right page.

Les voy a leer el cuento que comienza en la página 2, llamado "La tienda de Molly Mim". Les leeré parte de la historia y luego me detendré para hacer algunas preguntas. Después que termine de leer todo el cuento contestaremos más preguntas.

Read the purpose question aloud.

Say: *"¿Qué llegó al rincón de la tienda de Molly Mim?" Piensen acerca de esta pregunta mientras leemos el cuento juntos. Escuchen cuidadosamente y síganme mientras leo el cuento.*

Read the first part of La tienda de Molly Mim (page 2) aloud.

Say: *Vayan a la parte superior de la página 3 y busquen la pregunta número 1. Pongan su dedo sobre el número 1. Escuchen cuidadosamente mientras leo la pregunta número 1. ¿Qué le gusta a Molli Mim? Respuesta A, ¿perros? Respuesta B, ¿gatos? Respuesta C, ¿peces? Rellenen el círculo que muestre lo que le gusta a Molly Mim.*

Pause and wait for all children to mark their answers.

Say: *Ahora vayan a la página 4. Síganme mientras leo el cuento en voz alta.*

Read the second part of "La tienda de Molly Mim" (page 4) aloud.

Say: *Vayan a la página 5. Busquen la pregunta en la parte superior de la página. Pongan su dedo sobre la pregunta número 2. ¿Qué trató de poner Molly en el rincón? Respuesta A, ¿almohadones de gatos? Respuesta B, ¿cajas? Respuesta C, ¿flores? Rellena el círculo que muestre qué trató de poner Molly en el rincón.*

Pause and wait for all children to mark their answers.

Harcourt • Holistic Assessment

Say: *Ahora vayan a la página 6. Síganme mientras les leo el resto del cuento en voz alta.*

Read the final section of "La tienda de Molly Mim" (page 6) aloud.

Say: *Ahora vayan a la página 7 y busquen la pregunta número 3 en la parte superior de la página. Síganme mientras leo la pregunta. ¿Quién entró a la tienda? Respuesta A, ¿una señora? Respuesta B, ¿un hombre? or Respuesta C, ¿un gatito? Rellenen el círculo debajo de la respuesta que muestre quién entró a la tienda.*

Pause and wait for all children to mark their answers.

Say: *Ahora pongan su dedo sobre el número 4 y escuchen mientras leo las instrucciones. Hagan un dibujo que muestre qué hizo Purr cuando llegó al rincón de la tienda. Quiero que dibujen su respuesta a esta pregunta en el casillero de la página 7.*

Encourage children to write about their pictures. Wait for all children to finish their drawings.

Say: *Vayan a la página 8 y busquen el cuento "Tortugas". Escuchen mientras leo la primera parte de la historia.*

Read the first section of "Tortugas " (page 8) aloud.

Say: *Vayan a la página 9 y pongan su dedo sobre la pregunta 5. ¿Dónde puedes encontrar una tortuga de caja? Respuesta A ¿ en un desierto? Respuesta B ¿en un lago? Respuesta C ¿en un bosque?. Rellenen el círculo debajo del dibujo que muestra dónde pueden encontrar una tortuga de caja*

Pause and wait for all children to mark their answers.

Say: *Vayan a la página 10 y continúen leyendo el cuento.*

Read the second section of "Tortugas " (page 10) aloud.

Say: *Vayan a la página 11 y pongan su dedo sobre la pregunta número 6. ¿Dónde está casi siempre la tortuga de orejas rojas? Respuesta A, ¿sobre una roca ? Respuesta B, ¿en una laguna? o Respuesta C, ¿en un árbol? Rellenen el círculo debajo de la respuesta que muestre dónde está casi siempre la tortuga de orejas rojas.*

Pause and wait for all children to mark their answers.

Say: *Vayan a la página 12 y síganme mientras continúo leyendo el cuento.*

Read the final section of "Tortugas " (page 12) aloud.

Say: *Vayan a la página 13 y pongan su dedo sobre la pregunta número 7. ¿De dónde vienen las tortugas? Respuesta A,¿de una tienda ? Respuesta B, ¿del zoológico ? o Respuesta C, ¿de huevos? Rellenen el círculo debajo de la respuesta que diga de dónde vienen las tortugas.*

Pause and wait for all children to mark their answers.

Say: *Ahora pongan su dedo en el número 8 y escuchen mientras leo las instrucciones. Hagan un dibujo que muestre dónde una tortuga madre pone sus huevos. Quiero que dibujen su respuesta a esta pregunta en la casilla de la página 13.*

Encourage children to label or write about their drawings. Some children may be capable of writing only a single word to identify what they have drawn; however, if others are capable of writing phrases or complete sentences, encourage them to do so.

Provide help for any child who has difficulty.

Allow sufficient time for children to complete the open-ended activity. Tell children this is the end of the testing and collect the assessment booklets.

Write each child's name on an assessment booklet before distributing the booklets; or, if you prefer, distribute the booklets and have children write in their names. When administering the assessment, read the directions as they are written, using a natural tone and manner. If necessary, rephrase the directions in your own words to help children better understand what is required of them. Do not, however, give help on specific assessment questions. Pace directions so that all children have time to answer. Directions that should be read to children are printed in *italic* type. Directions that are for your information only (not to be read to children) are printed in regular type.

Reading Assessment

Prior to administering the assessment, read the following general directions to children.

Say: *En el día de hoy haremos algo especial. Vamos a leer todos juntos y luego ustedes responderán algunas preguntas acerca de lo que hemos leído en este cuaderno de respuestas. Ustedes leerán los cuentos y las preguntas en silencio. Después mostrarán las respuestas rellenando el círculo debajo de cada respuesta que eligieron. Al contestar las preguntas sobre lo que han leído, ustedes me permitirán saber si realmente han comprendido el cuento. Algunas de las preguntas les resultarán muy fáciles mientras que otras les parecerán más difíciles. Traten de responder lo mejor que puedan. Ahora abran el cuaderno de respuestas en la página 1.*

Draw a big numeral 1 on the board. Walk around and make sure each child is on page 1.

Say: *Miren en la parte superior de esa página. Hay un pequeño cuento llamado "Excursión a una granja". Pongan su dedo junto al cuento en la parte de arriba de la página. De ese modo yo veré si ustedes están en el lugar correcto.*

Hold up a copy of the booklet and show where the short sample story is found. Walk around and make sure all children have found the sample story.

Say: *Primero observen la pregunta debajo del título en la parte superior de la página y luego síganme mientras leo en voz alta. "¿Adónde van los niños?" Piensen acerca de esta pregunta a medida que leen el cuento en silencio. Ahora lean la historia.*

Allow enough time for all children to read the story independently.

Say: *Ahora busquen la pregunta número 1 debajo de la historia. Pongan su dedo sobre la pregunta y observen las tres respuestas que aparecen.*

Hold up a copy of the assessment booklet to show where question number 1 is located. Check to see that all children have found the place under the story where the first question appears.

Say: *Síganme en silencio mientras yo leo la pregunta número 1 en voz alta. ¿Este cuento se trata de_____? Respuesta A, ¿la pesca? Respuesta B, ¿una excursión a una granja? o Respuesta C, ¿una niña? ¿Cuál de esas respuestas se refiere al cuento?*

Call on a volunteer to answer the question.

Say: *Está muy bien. Esta historia se refiere a una excursión a la granja. La respuesta B es la correcta.*

Harcourt • Holistic Assessment

Ahora les explicaré cómo marcar las respuestas. Para cada pregunta, buscarán entre todos los dibujos y palabras y elegirán la mejor respuesta. Luego con un lápiz rellenarán en el círculo A, B, o C debajo del dibujo seleccionado. Si ustedes cambian de idea, pueden borrar completamente la marca y luego rellenar la respuesta que quieran.

Demonstrate on the board how to mark the correct answer.

Say: *Usen su lápiz a fin de rellenar la respuesta B para la pregunta 1 porque "una excursión a la granja" es la respuesta correcta.*

Ahora ustedes contestarán otra pregunta en silencio. Busquen la pregunta 2 en esta página. Pongan su dedo sobre la pregunta 2 y observen los tres dibujos y palabras que aparecen debajo de la pregunta 2.

Check to see that all children have found the second question under the story.

Say: *Lean la pregunta 2 en silencio y piensen en la respuesta que corresponde. ¿Cuál respuesta es la mejor?*

Usen su lápiz para rellenar la respuesta correcta en A, B o C. Recuerden que si ustedes cambian de idea, pueden borrar completamente la marca y luego rellenar la respuesta que quieran.

Say: *¿Qué respuesta marcaron?*

Pause for replies. *(Answer C)*

Say: *Sí, muy bien. Sam quiere ver algunos caballos. Ustedes deberían haber rellenado el círculo C. Si así no lo hicieron, por favor borren la marca y cambien a C.*

Check to make sure children have marked the second sample question correctly. Help any children who are having difficulty.

Say: *Ahora leeremos dos cuentos más largos en silencio. Ustedes contestarán las preguntas sobre lo que leyeron. Vayan a la página 2 y vean el primer cuento llamado "Vamos a jugar".*

Recuerden que primero deben leer el título y la pregunta que está en la parte superior. Piensen en esa pregunta a medida que van leyendo. Después que terminen de leer la página 3, ustedes responderán las preguntas de la página 4. Cuando ustedes terminen de leer las preguntas de la página 3 continúen leyendo el cuento. Luego contesten las preguntas que aparecen al final de la historia.

Una vez que terminen de responder las preguntas del cuento "Vamos a jugar", ustedes pueden comenzar a leer "Yo quiero deslizarme por el hielo".

La última pregunta al final de cada historia es diferente. Hay una gran casilla debajo de la pregunta. Ustedes harán un dibujo en esa casilla. Vayan a la página 5 y busquen la casilla.

Pause for children to find page 5.

Say: *Cuando ustedes lleguen a esta parte, lean la pregunta que está arriba de la casilla, luego hagan su dibujo dentro la casilla para responder la pregunta. Cuando terminen el dibujo, traten de escribir debajo algunas palabras sobre lo que dibujaron. No se preocupen por la ortografía o la caligrafía. Si ustedes quieren usar una palabra que no saben cómo deletrear traten de hacerlo como puedan.*

Encourage children to label their drawings. Some children may be capable of writing only a single word to identify what they've drawn; however, if other children are capable of writing phrases or complete sentences, encourage them to do so.

Say: *¿Todos han entendido lo que deben hacer?*

Provide help for any child who has difficulty.

Say: *Ahora vuelvan a la página 2 y busquen el cuento "Vamos a jugar". Ustedes pueden comenzar a leer en silencio.*

When all children have finished working, tell them this is the end of the reading assessment and collect the booklets.

Directions for the Writing Assessment

Have children open their booklets to the "Getting Ready to Write" section. Read the directions and the writing prompt aloud while children follow along silently.

Encourage children to use the questions on the "Getting Ready to Write" page to think about what they will write.

When they are ready, have children turn to the "Time to Write" section and write their responses on the lines provided.

Harcourt • Holistic Assessment

Directions for *¡Acérquense!*/Book 1-5

Write each child's name on an assessment booklet before distributing the booklets; or, if you prefer, distribute the booklets and have children write in their names. When administering the assessment, read the directions as they are written, using a natural tone and manner. If necessary, rephrase the directions in your own words to help children better understand what is required of them. Do not, however, give help on specific assessment questions. Pace directions so that all children have time to answer. Directions that should be read to children are printed in *italic* type. Directions that are for your information only (not to be read to children) are printed in regular type.

Reading Assessment

Prior to administering the assessment, read the following general directions to children.

Say: *En el día de hoy haremos algo especial. Vamos a leer todos juntos y luego ustedes responderán preguntas acerca de lo que hemos leído en este cuaderno de respuestas. Ustedes leerán los cuentos y las preguntas en silencio. Después me mostrarán las respuestas rellenando el círculo debajo de cada pregunta que eligieron. Al contestar las preguntas sobre lo que han leído, ustedes me permitirán saber si realmente han comprendido la historia. Algunas de las preguntas les resultarán muy fáciles mientras que otras les parecerán más difíciles. Traten de responder lo mejor que puedan. Ahora abran el cuaderno de respuestas en la página 1.*

Draw a big numeral 1 on the board. Walk around and make sure each child is on page 1.

Say: *Miren en la parte superior de esa página. Hay un pequeño cuento llamado "Excursión a una granja". Pongan su dedo junto al cuento en la parte de arriba de la página. De ese modo yo veré si ustedes están en el lugar correcto.*

Hold up a copy of the booklet and show where the short sample story is found. Walk around and make sure all children have found the sample story.

Say: *Primero observen la pregunta debajo del título en la parte superior de la página, luego síganme mientras leo en voz alta . "¿Adónde van los niños?" Piensen acerca de esta pregunta a medida que leen el cuento en silencio. Ahora lean el cuento.*

Allow enough time for all children to read the story independently.

Say: *Busquen la pregunta número 1 debajo de la historia. Pongan su dedo sobre la pregunta y observen las tres respuestas que aparecen debajo.*

Hold up a copy of the assessment booklet to show where question number 1 is located. Check to see that all children have found the place under the story where the first question appears.

Say: *Síganme en silencio mientras yo leo la pregunta número 1 en voz alta. ¿Este cuento se trata de_____? Respuesta A, ¿la pesca? Respuesta B, ¿una excursión a una granja ? o Respuesta C, ¿una niña? ¿Cuál de esas respuestas se refiere al cuento?*

Call on a volunteer to answer the question.

Say: *Está muy bien. Esta historia se refiere a una excursión a la granja. La respuesta B es la correcta.*

Ahora les explicaré cómo marcar las respuestas. Para cada pregunta, mirarán entre todos los dibujos y palabras y elegirán la mejor respuesta. Luego con un lápiz rellenarán en el círculo A, B, o C debajo del dibujo seleccionado. Si ustedes cambian de idea, pueden borrar completamente la marca y luego rellenar la respuesta que quieran.

Demonstrate on the board how to mark the correct answer.

Say: *Usen su lápiz a fin de rellenar la respuesta B para la pregunta 1 porque "una excursión a la granja" es la respuesta correcta.*

Ahora ustedes contestarán otra pregunta en silencio. Busquen la pregunta número 2 en esta página. Pongan su dedo sobre la pregunta 2 y observen los tres dibujos y palabras que aparecen debajo de la pregunta 2.

Check to see that all children have found the second question under the story.

Say: *Lean la pregunta 2 en silencio y piensen en la respuesta que corresponde. ¿Cuál respuesta es la mejor?*

Usen su lápiz para rellenar la respuesta correcta en A, B o C. Recuerden que si ustedes cambian de idea, pueden borrar completamente la marca y luego rellenar la respuesta que quieran.

Say: *¿Qué respuesta marcaron?*

Pause for replies. *(Answer C)*

Say: *Sí, muy bien. Sam quiere ver algunos caballos. Ustedes deberían haber rellenado el círculo C. Si así no lo hicieron, por favor borren la marca y cambien a C.*

Check to make sure children have marked the second sample question correctly. Help any children who are having difficulty.

Say: *Ahora leeremos en silencio cuentos más largos. Ustedes contestarán las preguntas sobre lo que leyeron. Vayan a la página 2 y vean el primer cuento llamado "Un dragón en un vagón".*

Recuerden que primero deben leer el título y la pregunta de la parte superior. Piensen en esa pregunta a medida que van leyendo. Después que terminen de leer el cuento, ustedes podrán responder las cuatro preguntas sobre la historia.

Cuando terminen de contestar las preguntas sobre "Un dragón en un vagón", ustedes pueden comenzar con el segundo cuento "El mejor gato del mundo".

La última pregunta al final de cada historia es diferente. Hay una gran casilla debajo de la pregunta. Ustedes deben hacer su dibujo en esta casilla. Vayan a la página 5 y busquen la casilla.

Pause for children to find page 5.

Say: *Cuando ustedes lleguen a esta parte, lean la pregunta que está arriba de la casilla, luego hagan su dibujo dentro de la casilla para responder la pregunta. Cuando terminen el dibujo, traten de escribir debajo algunas palabras sobre lo que dibujaron. No se preocupen por la ortografía o la caligrafía. Si ustedes quieren usar una palabra que no saben cómo deletrear traten de hacerlo como puedan.*

Encourage children to label their drawings. Some children may be capable of writing only a single word to identify what they've drawn; however, if other children are capable of writing phrases or complete sentences, encourage them to do so.

Say: *¿Todos han entendido lo que deben hacer?*

Provide help for any child who has difficulty.

Say: *Ahora vuelvan a la página 2 y busquen el primer cuento "Un dragón en un vagón". Ustedes pueden comenzar a leer en silencio.*

When all children have finished working, tell them this is the end of the reading assessment and collect the booklets.

Harcourt • Holistic Assessment

Directions for the Writing Assessment

Have children open their booklets to the "Getting Ready to Write" section. Read the directions and the writing prompt aloud while children follow along silently.

Encourage children to use the questions on the "Getting Ready to Write" page to think about what they will write.

When they are ready, have children turn to the "Time to Write" section and write their responses on the lines provided.

Scoring
and Interpreting

· ·

READING

Scoring the Multiple-Choice Items

Each of the multiple-choice items is scored 1 point if the answer is correct. If the answer is incorrect or left blank, 0 points are given. Thus, the maximum number of points a child may receive on the multiple-choice items for a Reading Assessment is 6 points. The multiple-choice items should be scored by using the answer keys found in this booklet.

Scoring the Open-Ended Items

Each of the open-ended items may receive a score of 2, 1, or 0, depending on how complete, how accurate, and how well supported the answer is. The following general scoring rubric explains the meaning of each score.

General Scoring Rubric for Open-Ended Items	
SCORE OF 2	A "Correct" Answer The answer is correct and is meaningfully supported with relevant ideas from the passage. All parts of the question are fully answered.
SCORE OF 1	A "Partially Correct" Answer The answer is partially correct and is somewhat supported with relevant ideas from the passage. Some parts of the question may not be fully answered.
SCORE OF 0	An "Incorrect" Answer The answer may reflect misunderstanding of passage ideas; it may not address the question; it may be only loosely related to the passage; it may be based only on personal opinion; or it may be off-task or irrelevant.

Model student responses for each open-ended item used at this grade level are included in the answer keys found in this booklet. It is important to remember that you are scoring the responses to the open-ended items for reading comprehension, not for writing ability.

Harcourt • Holistic Assessment

Scoring/Interpreting

Determining the Total Reading Score

To arrive at a child's total score on a Reading Assessment, you need to combine the results of the multiple-choice items with the results of the open-ended items. The total score can range from a low of 0 points (all items incorrect) to a high of 10 points (all items correct). The total score can be easily converted for grading purposes to a 100-point scale by multiplying by 10. The following example illustrates how to determine a total score and place it on a 100-point scale.

SAMPLE SCORING	
Reading	**Pupil Score**
Multiple-choice items	4/6
Short-response open-ended item	2/2
Short-response open-ended item	1/2
Total	7/10
Total Reading Score on a 100-point Scale	7×10 points each $= 70$

WRITING (Books 1-4 and 1-5)

Scoring the Writing Assessment

A General Scoring Rubric for Writing has been created for scoring the Writing Assessments at this level. The General Scoring Rubric for Writing is similar to those used in many state writing assessments. It uses a 4-point scale and takes the following key features of writing into consideration.

◆ **Purpose** Each Writing Assessment has a specific purpose (e.g., to write a personal story, to write a letter to a friend). One question the teacher should consider when judging a child's writing is the following: *How well did the child fulfill the purpose for writing?*

◆ **Organization** Questions the teacher should ask when judging the child's organization are as follows: *How well did the child organize his or her ideas? Are ideas presented in a logical order? Are transitions made between major ideas or events? If the child is writing a story, are events presented in a temporal sequence?* Methods of organization will vary with the purpose and type of writing, but good writing is well organized.

◆ **Ideas** Questions such as the following can be used to guide the evaluation of the quality of ideas: *How thoughtful are the ideas the child has presented? Are the ideas shallow and simplistic? Routine and predictable? Perceptive and insightful?*

◆ **Development** This dimension refers to the degree of explanation and elaboration the child uses in presenting ideas. Consider questions such as the following: *Does the child support ideas through specific details and examples? In describing people, places, or objects, does the child provide enough details to enable the reader to visualize what is described?*

This dimension includes a variety of features associated with good writing—correctness of sentence structures, variety of sentence structures (such as varied beginnings, types, and lengths), word choice, and conventions (grammar; usage; and mechanics, which includes spelling, punctuation, and capitalization). The basic question the teacher should ask in judging this dimension is the following: *How effectively and consistently does the child use written language?*

In addition to these general dimensions for good writing, each writing prompt or task has its own special characteristics. A summary of those task-specific characteristics is provided along with the General Rubric for Writing (see Task-Specific Scoring Guidelines). By taking both scoring tools into consideration, a teacher can make a more comprehensive evaluation of a child's response.

Scoring holistically means weighing and balancing the features being evaluated. For example, a child may organize ideas extremely well but not fully develop them and not use language effectively. In arriving at a single score, the teacher must balance strengths and weaknesses. The General Scoring Rubric for Writing defines the characteristics of performance for each of the four possible scores.

Follow these steps to score holistically.

1. Familiarize yourself with the writing prompt.
2. Review the General Scoring Rubric for Writing and the Task-Specific Scoring Guidelines to get a sense of the characteristics of each score point.
3. Read the model papers and annotations for the writing task to develop a better sense of what is expected at each score point.
4. Read your children's papers, one by one, rather quickly. Do not mark on the papers by circling errors or writing comments. Instead, make an overall judgment and assign each paper a single score ranging from a low of 1 to a high of 4. Refer to the General Scoring Rubric for Writing, the Task-Specific Scoring Guidelines, and model papers as often as necessary when you first start to score. After scoring several papers, you will become less dependent on these tools. Suppose, for example, you read a child's paper and thought it was "good" and should receive a score of 3 or 4. Compare the paper you are scoring to the model papers for a score of 3 and a score of 4. Is it more like the 3 paper, or more like the 4 paper? Make a decision and assign a score. The score can be recorded on the cover of the test booklet.

General Scoring Rubric for Writing Assessment (4-point scale)

Score of 4
The child's response—
- is a very good attempt to fulfill the purpose for writing
- is consistently organized and unified
- presents ideas that are mostly thoughtful, meaningful, specific, and relevant
- fully develops and elaborates ideas through specific details and illustrations
- displays fluency and a consistent control of written language
  - has varied and correctly formed sentence structures
  - includes expressive and appropriate word choices
  - has only infrequent or minor errors in grammar, usage, and mechanics

Score of 3
The child's response—
- is a good attempt to fulfill the purpose for writing
- is for the most part consistently organized and unified
- presents ideas that are somewhat thoughtful, meaningful, specific, and relevant
- moderately develops and elaborates ideas through specific details and examples
- displays some fluency and a general control of written language
  - has somewhat varied and generally well-formed sentence structures
  - includes appropriate word choices
  - has mostly minor errors in grammar, usage, and mechanics, though some errors may be significant

Score of 2
The child's response—
- is a minimally successful attempt to fulfill the purpose for writing
- is inconsistently organized, with repetition or randomness interrupting logical progression of thought
- presents ideas that are mostly routine and predictable
- may list ideas with little or no development or elaboration
- may display a lack of fluency and a limited control of written language
  - has sentence structures that lack variety or are not well formed
  - includes word choices that are limited or simple
  - has frequent and serious errors in grammar, usage, and mechanics

Score of 1
The child's response—
- is an unsuccessful attempt to fulfill the purpose for writing
- may be poorly organized, causing confusion or making meaning unclear
- may present ideas that are simplistic, incomplete, illogical, or irrelevant
- develops ideas in only a minimal way, if at all
- may display an overall lack of control of written language, interfering with communication
  - has sentence structures that lack variety and are flawed
  - includes word choices that are limited or unsuitable
  - has serious errors in grammar, usage, and mechanics that interfere with communication

Task-Specific Scoring Guidelines

Book	Writing Task	Characteristics of a Well-Written Response
1-4	Friendly Letter	• Includes a heading that tells the date • Includes a greeting that says "hello" • Includes a body that tells the message • Includes a closing that says "good-bye" • Includes a signature that tells his/her name
1-5	Story	• Presents events in a logical sequence • Includes story elements (e.g., problem, attempts to solve the problem, resolution) • Describes characters and setting effectively

Harcourt • Holistic Assessment

Determining the Total Writing Score

For the Writing Assessment, evaluate the child's response on a 4-point scale, using the General Scoring Rubric, the task-specific guidelines, and the model student papers. Scores can range from a low of 1 to a high of 4. Then multiply the writing score by 25 to convert the score to a 100-point scale.

Interpreting Student Performance

The following tables offer guidelines for interpreting a child's performance on the *Holistic Assessment*. Remember, however, that it is important not to place too much faith in any single assessment. The *Holistic Assessment* is only one sample of a child's reading or writing. This sample should be compared with the information you have gathered from daily observations, work samples, and other assessments.

Performance Levels in Reading		
Possible Score	**Performance Level**	**Characteristics**
90–100	Advanced	Children scoring at this level are excellent readers and should probably be challenged with enrichment activities and possibly introduced to more challenging reading selections and tasks.
70–80	Proficient (On-Level)	Children scoring at this level are good readers but may need a little extra help. Their performance may vary depending on how interested they are in a topic and how difficult the selection is.
60	Basic (On-Level)	Children scoring at this level may have difficulty understanding many of the materials they are asked to read, such as content textbooks. They may need greater guidance and support when given reading assignments. They may benefit from intervention materials and activities.
Fewer than 60	Below Basic	Children scoring at this level will almost certainly have difficulty completing this level of the program. These students should be given focused instruction on their needs, preferably in a small group setting. Children at this level should be placed in intervention materials and receive instruction through intervention activities.

Performance Levels in Writing

Possible Score	Performance Level	Characteristics
100	Advanced	Children scoring at this level are excellent writers. Their writing is thoughtful, organized, well developed, and fluent. They also exhibit consistent control of written language.
75	Proficient (On-Level)	Children scoring at this level show many strengths in writing. Their writing is mostly thoughtful and organized, moderately developed, and reasonably fluent. They may display a general control of written language.
50	Basic (On-Level)	Children scoring at this level show uneven performance. Their writing is sometimes thoughtful and organized, but it is mostly undeveloped and lacking in fluency. They may display a lack of control of written language.
Fewer than 50	Below Basic	Children scoring at this level exhibit very limited performance. Their writing is not thoughtful, is often disorganized, is usually undeveloped, and is lacking in fluency. They may display great difficulty in controlling the conventions of written language.

Recording and Sharing Student Performance

The cover of each student test booklet contains a "Summary of Performance" section that can be used for recording scores and comments and for marking the child's performance level. At the bottom of the cover is a check-off box to indicate whether the child received any special assistance while taking the assessment.

The Class Record Form is intended to help teachers summarize and record the results of the *Holistic Assessments* administered during the school year. A copying master of the Class Record Form is included in this manual.

The Parent/Guardian Letters are designed for sharing with parents or guardians a child's results on the *Holistic Assessment*. Two letters are provided—one for Reading and one for Writing. The letters explain the *Holistic Assessment* and define the performance levels. The teacher can simply check the performance level a child achieved and write optional comments about the child's reading or writing development.

Suggestions for Parents/Guardians

Listed below are activities that teachers can recommend to parents or guardians to help support a child's reading and writing development.

◆ Read to your child, and let your child read to you. Praise your child's reading. Talk about what you read together.

◆ Write notes to your child and encourage your child to write back.

◆ Let your child know how important reading is to you by talking about the ways you use reading every day—for example, keeping up with the news, consulting the Yellow Pages, or using an owner's manual.

◆ Encourage your child to use writing functionally around the house by assisting with such tasks as writing a grocery or shopping list, writing letters to relatives, addressing envelopes, or preparing invitations.

◆ Set aside times during the week when the whole family will read. Let your child see that you enjoy reading.

◆ Take your child to the library and introduce the child to children's books and magazines. Get a library card for your child so that he or she can select books to take home to read. Remember that the library staff can help you find a book on a topic your child is interested in or a book by an author your child likes.

◆ Set goals for the number of new books your child will read. Have your child keep a log of the favorite part of each book that is read. Reward your child when the goal for reading is reached.

• T R O F E O S •

Evaluación integral

Adivina quién • Libro 1–1

Resumen del desempeño

Nombre _____ Grado _____ Fecha _____

Lectura   Puntaje del estudiante

  Selección múltiple   _____ /6

  Respuesta abierta   _____ /2

  Respuesta abierta ampliada   _____ /2   Total de lectura

                         _____ /10   × 10 puntos cada uno = ☐

Niveles de desempeño
Elija el nivel de desempeño adecuado
Lectura

Lector limitado (Por debajo de 60)	Lector básico (a nivel) (60)	Lector hábil (a nivel) (70–80)	Lector avanzado (90–100)
○	○	○	○

☐ El estudiante recibió ayuda mientras tomaba esta evaluación.

Comentarios: _____

_____

For permission to translate/reprint copyrighted material, grateful acknowledgment is made to the following sources:

Highlights for Children, Inc., Columbus, OH: "Wake-Up Call" by Barbara Cole, illustrated by Len Ebert from *Highlights for Children* Magazine, April 2000. Copyright © 2000 by Highlights for Children, Inc. "The Missing Kite" by Sally Lucas, illustrated by Sue Parnell from *Highlights for Children* Magazine, February 1998. Copyright © 1998 by Highlights for Children, Inc.

Printed in the United States of America

ISBN 0-15-332524-0

Harcourt • Evaluación integral

1 2 3 4 5 6 7 8 9 10   022   10 09 08 07 06 05 04 03 02 01

Excursión a una granja

¿Adónde van los niños?

Ann y Sam están contentos.
Van de excursión a una granja.
Allí verán muchos animales.
Ann quiere ver un cerdo.
Sam quiere ver algunos caballos.

1. Este cuento se trata de _____.

Ⓐ

Ⓑ

Ⓒ

2. ¿Qué quiere hacer Sam?

Ⓐ

Ⓑ

Ⓒ

ALTO

Harcourt • Evaluación integral

La cometa perdida

por Sallie Lucas
ilustraciones de Sue Parnell

Lectura en voz alta del maestro

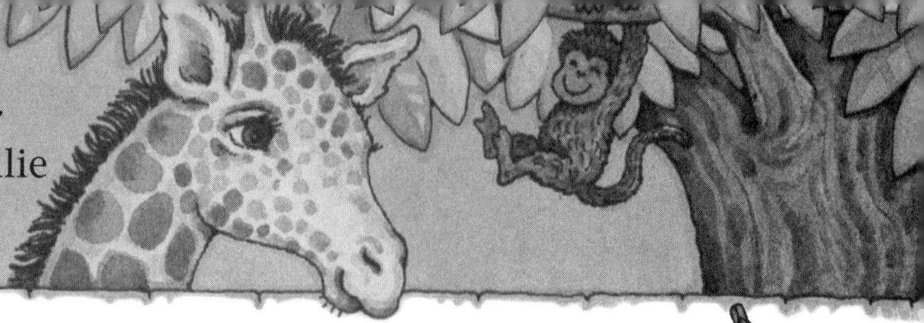

¿Qué le sucedió a la cometa de Margie?

Margie vivía en una casa, cerca de un zoológico. En el zoológico había un árbol muy alto. Un mono jugaba en el árbol. A una jirafa le gustaba comerse las hojas de la copa del árbol.

Un día, Margie volaba su cometa cerca de su casa. De pronto, *¡suiiish!*, la cometa voló muy lejos y fue a caer en el árbol del zoológico.

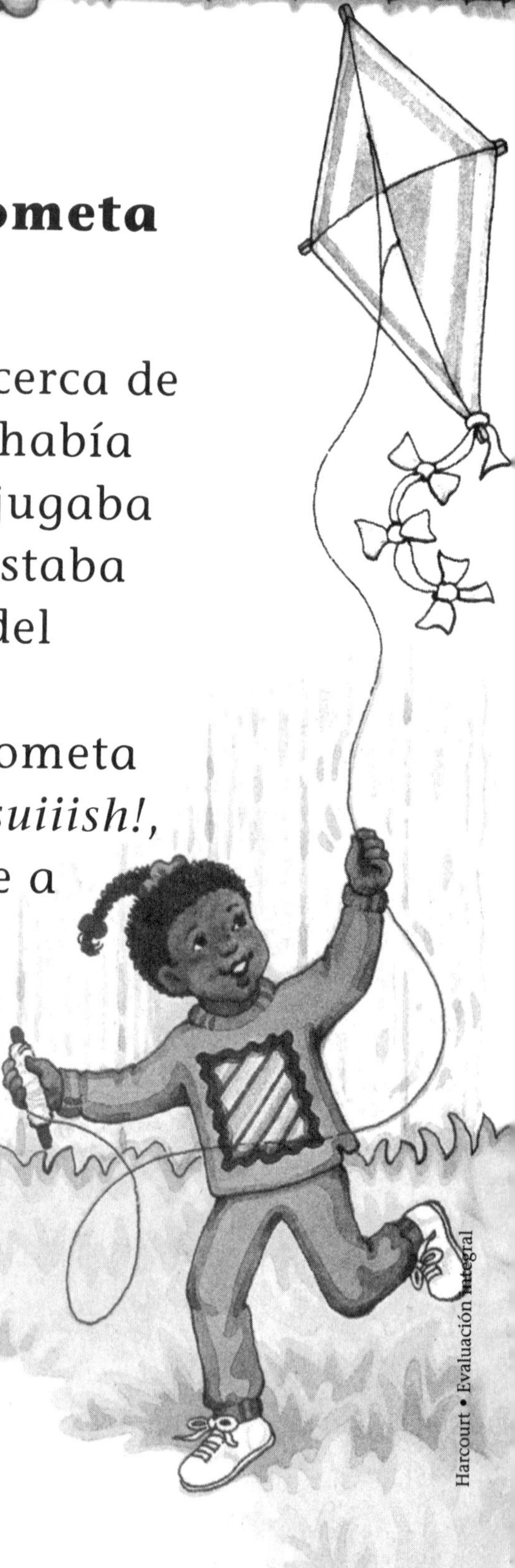

SIGUE

1. ¿Dónde vive Margie?

(A)

(B)

(C)

2. ¿Qué perdió Margie?

(A)

(B)

(C)

Margie y su mamá corrieron al zoológico a buscar la cometa. Pero adivina quién encontró primero la cometa.

¿La mamá de Margie? No.

¿Margie? No.

¿El mono? No.

¿La jirafa? Sí.

"Disculpe", le dijo Margie a la jirafa. "¡Eso que usted está comiendo como almuerzo es mi cometa!"

Harcourt • Evaluación integral

3. ¿Quién ayudó a Margie a encontrar lo que perdió?

Ⓐ

Ⓑ

Ⓒ

4. Haz un dibujo que muestre quién encontró primero la cometa.

ALTO

Llámenme para despertarme

por Barbara Cole • ilustraciones de Len Ebert

¿Por qué los pájaros son ruidosos?

Un cardenal se posó en la ventana de Jordan. "Tuiiit... tuit, tuit, tuit", cantó el cardenal.

Un azulejo se posó en la cerca de Jordan. "¡Pit! ¡Pit!" cantó el azulejo.

Tres gorriones brincaban frente a la cochera de Jordan. "Chirp, chirp, chirp", cantaron las golondrinas.

SIGUE

5. ¿Qué escucha Jordan a través de su ventana?

Ⓐ   Ⓑ   Ⓒ

6. ¿Dónde se posó el azulejo?

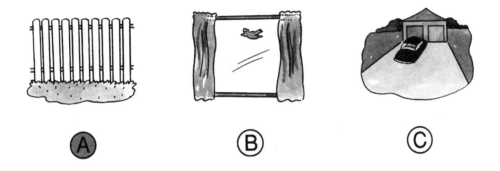

Ⓐ   Ⓑ   Ⓒ

SIGUE

Jordan saltó de su cama y se asomó por la ventana. "Los pájaros hacen demasiado ruido", pensó. Luego miró el comedero del árbol.

"¡Cielos!", exclamó Jordan. "Ya sé cuál es el problema". Jordan se vistió rápidamente y salió con una cubeta de alimento para llenar el comedero vacío.

"¡El desayuno está listo!", gritó Jordan.

SIGUE ➤

7. ¿Qué llevó Jordán afuera?

8. Haz un dibujo que muestre qué harán los pájaros después.

ALTO

· T R O F E O S ·

Yo soy tu amigo • Tema 1

Sólo por diversión • Tema 2

⟨C Harcourt

www.harcourtschool.com

Part No. 9997-41091-2

ISBN 0-15-332524-0 (Package of 12)

1–1

· T R O F E O S ·

Evaluación integral

Alcanza un sueño • Libro 1-2

Resumen del desempeño

Nombre _____ Grado _____ Fecha _____

Lectura   Puntaje del estudiante
  Selección múltiple   _____ /6
  Respuesta abierta   _____ /2
  Respuesta abierta ampliada   _____ /2   Total de lectura
                           _____ /10 $\times$ 10 puntos cada uno = ☐

Niveles de desempeño
(Elija el nivel de desempeño adecuado)
Lectura

Lector limitado (Por debajo de 60)	Lector básico (a nivel) (60)	Lector hábil (a nivel) (70–80)	Lector avanzado (90–100)
◯	◯	◯	◯

☐ El estudiante recibió ayuda mientras tomaba esta evaluación.

Comentarios _____

_____

For permission to translate/reprint copyrighted material, grateful acknowledgment is made to the following sources:

Tina Allen: "Scavenger Feast" by Christina Allen from *Ladybug* Magazine, January 2000. Text © 1999 by Christina Allen.

National Wildlife Federation: From "Hip, Hip Hippo!" in *Your Big Backyard* Magazine, August 2000. Text copyright 2000 by the National Wildlife Federation.

Jada Rowland: Illustrations by Jada Rowland from "Scavenger Feast" by Christina Allen in *Ladybug* Magazine, January 2000.

Printed in the United States of America

ISBN 0-15-332525-9

1 2 3 4 5 6 7 8 9 10 022 10 09 08 07 06 05 04 03 02 01

Ejemplo

Excursión a una granja

¿Adónde van los niños?

Ann y Sam están contentos.
Van de excursión a una granja.
Allí verán muchos animales.
Ann quiere ver un cerdo.
Sam quiere ver algunos caballos.

1. Este cuento se trata de _____ .

la pesca una excursión a una niña
una granja

Ⓐ Ⓑ Ⓒ

2. ¿Qué quiere hacer Sam?

montar jugar con Ann ver a los
bicicleta caballos

Ⓐ Ⓑ Ⓒ

ALTO

Un festín de sobras

por Christina Allen / ilustraciones de Jada Rowland

¿Qué pasa con toda la comida?

Joe no se comió las orillas de sus sándwiches, así que las puse en mi plato. Luego me serví el panecillo que Emma había dejado a la mitad. Mamá hizo más palomitas de las que podía comer, por eso también puse algunas en mi plato.

Harcourt • Evaluación integral

SIGUE

1. ¿Qué hizo mamá?

palomitas
de maíz
Ⓐ

un
panecillo
Ⓑ

un sándwich
Ⓒ

SIGUE

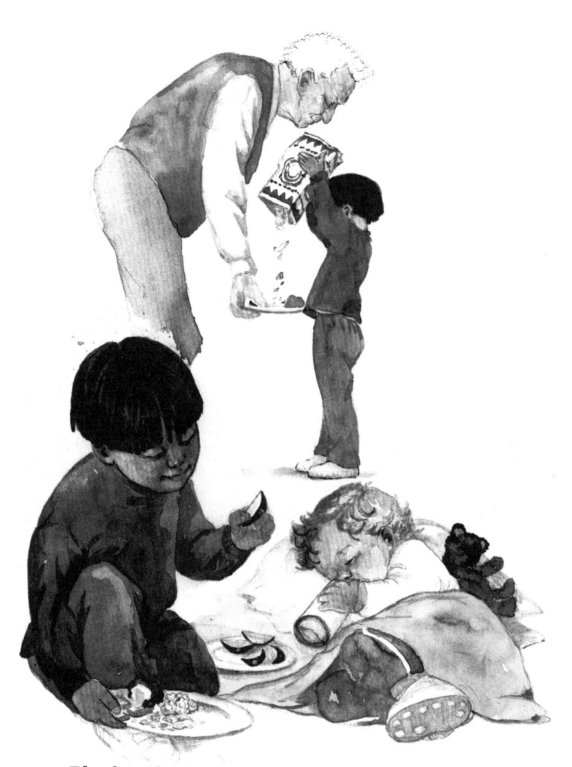

El abuelo me dijo que no podía comerse sus papas fritas porque se habían roto en pedazos muy pequeños, y yo las puse en mi plato. El pequeño Bob se durmió y no comió su manzana. Yo la puse en mi plato.

Harcourt • Evaluación integral

SIGUE

2. ¿Dónde puso el niño la manzana del pequeño Bob?

en la basura

en la bolsa del almuerzo

en el plato

Ⓐ

Ⓑ

Ⓒ

SIGUE ▶

Harcourt • Evaluación integral

Entonces me senté a comer a la mesa de picnic. Cuando mi plato quedó medio vacío, entré a casa y vi cómo las ardillas se comían lo que yo había dejado.

SIGUE ▶

3. ¿Qué vio el niño desde la ventana?

vacas

Ⓐ

pájaros

Ⓑ

ardillas

Ⓒ

4. Haz un dibujo que muestre dónde puso el niño su comida al final de la historia.

ALTO

¡HIP, HIP HIPO!

¿Qué sabes tú de los hipopótamos?

Los hipopótamos son muy pesados. ¡Mamá hipopótamo puede pesar más que un automóvil! Un hipopótamo bebé pesa casi lo mismo que una persona.

Los hipopótamos pasan la mayor parte del tiempo en los ríos. Pueden hundirse hasta el fondo y caminar debajo del agua.

A veces, los hipopótamos se pelean entre sí. De esa manera, el hipopótamo trata de demostrarle a otro quién es el que manda.

Harcourt • Evaluación integral

SIGUE ▶

5. La mamá hipopótamo puede pesar más que _____ .

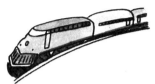
un tren
(A)

un automóvil
(B)

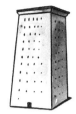
un edificio
(C)

6. ¿Dónde pasan la mayor parte del tiempo los hipopótamos?

en los ríos
(A)

en los árboles
(B)

en los jardines
(C)

Harcourt • Evaluación integral

Este hipopótamo bebé descansa sobre la espalda de su madre. A los hipopótamos bebés les cuesta trabajo mantenerse a flote.

¡Los hipopótamos tienen hocicos muy grandes y sus bostezos son enormes! ¿Puedes abrir la boca como un hipopótamo?

A los hipopótamos les gusta comer hierba. Luego de comer, suelen tomar una siesta. Para mantenerse frescos, duermen en el agua.

Harcourt • Evaluación integral

SIGUE ▶

7. ¿Qué comen los hipopótamos?

hierbas
Ⓐ

hojas
Ⓑ

peces
Ⓒ

8. Haz un dibujo mostrando qué hacen los hipopótamos después de comer.

ALTO

· T R O F E O S ·

Ahora me toca a mí / Tema 3

Harcourt

www.harcourtschool.com

Part No. 9997-41092-0

ISBN 0-15-332525-9 (Package of 12)

1–2

TROFEOS

Evaluación integral

Aquí y allá • Libro 1-3

Resumen del desempeño

Nombre _____ Grado _____ Fecha _____

Lectura

Puntaje del estudiante

Selección múltiple	_____ /6
Respuesta abierta	_____ /2
Respuesta abierta ampliada	_____ /2

Total de lectura

_____ /10 × 10 puntos cada uno = ☐

Niveles de desempeño
(Elija el nivel de desempeño adecuado.)
Lectura

Lector limitado (Por debajo de 60)	Lector básico a nivel (60)	Lector hábil a nivel (70–80)	Lector avanzado (90–100)
○	○	○	○

☐ El estudiante recibió ayuda mientras tomaba esta evaluación.

Comentarios: _____

_____

For permission to translate/reprint copyrighted material, grateful acknowledgment is made to the following sources:

Highlights for Children, Inc., Columbus, OH: "Molly Mim's Shop" by Uma Krishnaswami, illustrated by Erin Mauterer from *Highlights for Children* Magazine, November 2000. Copyright © 2000 by Highlights for Children, Inc.

National Wildlife Federation: "Turtles" from *Your Big Backyard* Magazine, February 1995. Text copyright 1995 by the National Wildlife Federation.

Printed in the United States of America

ISBN 0-15-332526-7

1 2 3 4 5 6 7 8 9 10 022 10 09 08 07 06 05 04 03 02 01

Ejemplo

Excursión a una granja

¿Adónde van los niños?

Ann y Sam están contentos.
Van de excursión a una granja.
Allí verán muchos animales.
Ann quiere ver un cerdo.
Sam quiere ver algunos caballos.

1. Este cuento se trata de _____.

la pesca

una excursión a una granja

una niña

Ⓐ

Ⓑ

Ⓒ

2. ¿Qué quiere hacer Sam?

montar bicicleta

jugar con Ann

ver a los caballos

Ⓐ

Ⓑ

Ⓒ

ALTO

La tienda de Molly Mim

por Uma Krishnaswami

ilustraciones de Erin Mauterer

¿Qué llegó al rincón de la tienda de Molly Mim?

Molly Mim tenía una tienda para quienes aman a los gatos. En la tienda vendía tarjetas de gato, imanes de gato, fotografías de gato, almohadones de gato, sombreros de gato, camisetas de gato, libros de gato y frazadas de gato.

Pero en la tienda de Molly había un rincón difícil de llenar. Nada parecía combinar con él.

SIGUE ➡

Harcourt • Evaluación integral

1. ¿Qué le gusta a Molly Mim?

perros   gatos   peces

Ⓐ   Ⓑ   Ⓒ

SIGUE ▶

A Molly se le ocurrió exhibir las tarjetas de gato en ese rincón.

"Se ven amontonadas", dijo.

Luego intentó exponer allí los imanes de gato.

"Se ve demasiado vacío", pensó.

Luego se entusiasmó con las fotografías de gato. Intentó con los almohadones de gato, con los sombreros de gato, y con las camisetas de gato. Finalmente decidió tomar una siesta.

Nada funcionaba.

Un día, se oyó un ruido ligero, como si alguien arañara la puerta. Molly se asomó.

Entonces abrió la puerta y dejó entrar a la causante del ruido. "¡Purr!", dijo la pequeña criatura.

"¡A mí también me da gusto conocerte!", dijo Molly.

Harcourt • Evaluación integral

2. ¿Qué trató de poner Molly en el rincón?

almohadones
de gato

cajas

flores

(A)

(B)

(C)

Harcourt • Evaluación integral

Purr caminó frente a las frazadas de gato y los libros de gato. Luego pasó por donde estaban las camisetas de gato, los sombreros de gato, los almohadones de gato y las fotografías de gato. Purr pasó sin titubeos entre los imanes de gato y las tarjetas de gato y llegó al rincón en el que nada parecía encajar.

Purr se acurrucó y se quedó dormida. Y por fin algo parecía ir bien con aquel rincón. "Purrfecto", dijo Molly.

Harcourt • Evaluación integral

3. ¿Quién entró a la tienda?

una señora
Ⓐ

un hombre
Ⓑ

una gatita
Ⓒ

4. Haz un dibujo mostrando qué hizo Purr cuando llegó al rincón.

ALTO

Tortugas

Tortugas de caja

¿Qué sabes tú de las tortugas?

Las tortugas llevan su casa a cuestas a dondequiera que van. Casi todas las tortugas pueden esconder la cabeza, las patas y la cola en su caparazón.

Si vas al bosque, tal vez encuentres una tortuga de caja. Las tortugas de caja pasan la mayor parte del tiempo en la tierra.

Harcourt • Evaluación integral

SIGUE

5. ¿Dónde puedes encontrar una tortuga de caja?

en un desierto   en un lago   en un bosque

Ⓐ   Ⓑ   Ⓒ

SIGUE

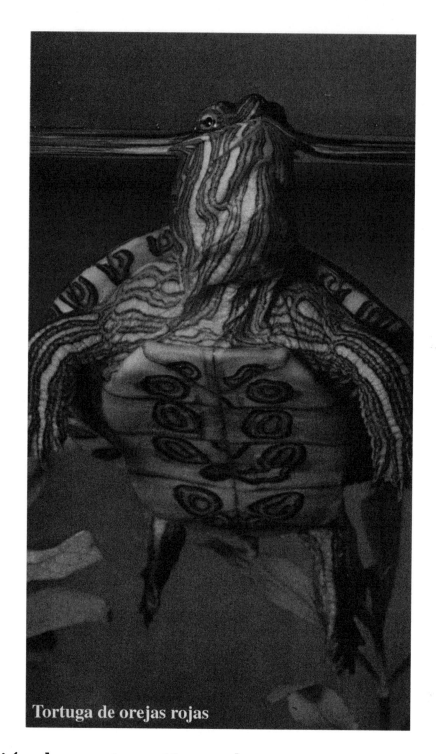

Tortuga de orejas rojas

También hay otros tipos de tortugas que permanecen casi todo el tiempo en el agua. La tortuga de orejas rojas suele vivir en lagunas.

Harcourt • Evaluación integral

SIGUE

6. ¿Dónde está casi siempre la tortuga de orejas rojas?

 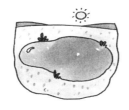 

sobre una   en una laguna   en un árbol
roca

  Ⓐ   Ⓑ   Ⓒ

Todas las tortugas nacen de huevos. Las madres tortugas ponen sus huevos en un hoyo, los cubren y luego se van.

El sol mantiene tibios los huevos. Cuando las crías rompen el cascarón, no se alimentan de su madre. Están listas para cuidarse a sí mismas.

Tortuga verde

Esta tortuga verde recién nacida pronto llegará al océano, donde pasará el resto de su vida.

Harcourt • Evaluación integral

SIGUE

7. ¿De dónde vienen las tortugas?

una tienda
Ⓐ

el zoológico
Ⓑ

huevos
Ⓒ

8. Haz un dibujo que muestre dónde una madre tortuga pone sus huevos.

ALTO

· T R O F E O S ·

¡Yo creo que puedo! • Tema 4

Harcourt

www.harcourtschool.com

Part No. 9997-41093-9

ISBN 0-15-332526-7 (Package of 12)

1-3

Evaluación integral

Todos juntos • Libro 1-4

Resumen del desempeño

Nombre _____ Grado _____ Fecha _____

Lectura

Puntaje del estudiante

Selección múltiple _____ /6

Respuesta abierta _____ /2

Respuesta abierta ampliada _____ /2

Total de lectura

_____ /10 × 10 puntos cada uno = [____]

Escritura

Puntaje integral   Puntaje del estudiante

Puntaje integral   1   2   3   4 × 25 puntos cada uno = _____

(encierre uno)

Total de escritura

[____]

Niveles de desempeño

(Elija el nivel de desempeño adecuado.)

Lectura

Lector limitado (Por debajo de 60)	Lector básico (a nivel) (60)	Lector hábil (a nivel) (70–80)	Lector avanzado (90–100)
○	○	○	○

Escritura

Escritor limitado (Por debajo de 50)	Escritor básico (a nivel) (50)	Escritor hábil (a nivel) (75)	Escritor avanzado (100)
○	○	○	○

☐ El estudiante recibió ayuda mientras tomaba esta evaluación.

Comentarios:_____

_____

For permission to translate/reprint copyrighted material, grateful acknowledgment is made to the following sources:

Lucinda Cave: "Push, Push, Glide" by Lucinda Cave from *Ladybug* Magazine, January 1995. Text © 1995 by Lucinda Cave.

LADYBUG Magazine: "Luke and Freddie" (Retitled: "Let's Play") by Catherine Stock from *Ladybug* Magazine, Vol. 9, No. 8. © 1999 by Catherine Stock.

Printed in the United States of America

ISBN 0-15-332527-5

1 2 3 4 5 6 7 8 9 10 022 10 09 08 07 06 05 04 03 02 01

Harcourt • Evaluación integral

Ejemplo

Excursión a una granja

¿Adónde van los niños?

Ann y Sam están contentos.
Van de excursión a una granja.
Allí verán muchos animales.
Ann quiere ver un cerdo.
Sam quiere ver algunos caballos.

1. Este cuento se trata de _____ .

Ⓐ la pesca

Ⓑ una excursión a una granja

Ⓒ una niña

2. ¿Qué quiere hacer Sam?

Ⓐ montar bicicleta

Ⓑ jugar con Ann

Ⓒ ver a los caballos

ALTO

Harcourt • Evaluación integral

Vamos a jugar

por Catherine Stock

¿Qué sucede cuándo la lluvia se detiene?

Ya dejó de llover. Luke y Abby salen a jugar.

La lluvia ha dejado muchos charcos.

Los pájaros se bañan en los charcos.

SIGUE ➤

Harcourt • Evaluación integral

1. ¿Qué quieren hacer Luke y Abby?

    (A) comer

    (B) jugar

    (C) dormir

2. ¿Qué hizo la lluvia?

    (A) charcos

    (B) pájaros

    (C) juguetes

SIGUE ▶

Las ranas brincan en los charcos.
¡La pelota de Luke salpicó toda el agua del charco!

Harcourt • Evaluación integral

SIGUE

3. ¿Qué tiró Luke al charco?

Ⓐ una roca

Ⓑ algunas hierbas

Ⓒ su pelota

4. Haz un dibujo que muestre a los sapos en los charcos. Luego escribe algunas oraciones para explicar tu dibujo.

Harcourt • Evaluación integral

¡Yo quiero deslizarme por el hielo!

por Lucinda Cave

¿Qué está haciendo la niña?

¡Yo quiero deslizarme por el hielo!
¡Yo quiero deslizarme por el hielo!
Patino junto a mamá.
Es como volar por el cielo.

¡Yo quiero deslizarme por el hielo!
¡Yo quiero deslizarme por el hielo!
La observo a ella y aprendo.
Pero me caigo siempre al suelo.

Harcourt • Evaluación integral

SIGUE

5. ¿Qué está tratando de hacer la niña?

Ⓐ saltar

🅑 patinar

Ⓒ leer

6. ¿Quién le está ayudando a patinar?

🅐 la mamá

Ⓑ el papá

Ⓒ la hermana

7. ¿Qué palabra suena como <u>hielo</u>?

Ⓐ deslizarme

Ⓑ junto

🅒 cielo

SIGUE

Estiro mis bracitos
Y doblo mis rodillas
Pie izquierdo, pie derecho
y los muevo despacito.

¡Yo quiero deslizarme por el hielo!
¡Yo quiero deslizarme por el hielo!
Patino junto a mamá.
Es como volar por el cielo.

Harcourt • Evaluación integral

 SIGUE

8. Haz un dibujo que muestre qué debe usar la niña en sus pies para patinar.
Escribe algunas oraciones explicando tu dibujo.

Harcourt • Evaluación integral

ALTO

Escribe una carta a un amigo. Cuéntale acerca de lo que te hace feliz. Recuerda que tu carta debe tener las siguientes partes:

- **un <u>encabezamiento</u> que diga qué fecha es hoy**
- **un <u>saludo</u> que diga hola**
- **un <u>cuerpo</u> que diga lo que tú quieres contar**
- **un <u>final</u> que diga adiós**
- **una <u>firma</u> que diga tu nombre**

¿A qué amigo le escribirás?

_____

- -

_____

_____

- -

_____

¿Qué cosas te hacen feliz?

_____

- -

_____

_____

- -

_____

Harcourt • Evaluación integral

Nombre _____

Escribe una carta a un amigo. Cuéntale acerca de lo que te hace feliz. Usa tus ideas de "Listo para escribir" a fin de ayudarte a organizar tu carta.

Harcourt • Evaluación integral

Harcourt • Evaluación integral

· T R O F E O S ·

Hola vecino • Tema 5

Harcourt

www.harcourtschool.com

Part No. 9997-41094-7

ISBN 0-15-332527-5 (Package of 12)

1-4

Evaluación integral

¡Acérquense! • Libro 1-5

Resumen del desempeño

Nombre _____ Grado _____ Fecha _____

Lectura   Puntaje del estudiante

   Selección múltiple   _____/6

   Respuesta abierta   _____/2

   Respuesta abierta ampliada   _____/2   Total de lectura

                                  _____ /10 $\times$ 10 puntos cada = [   ]

Escritura   Puntaje integral   Puntaje del estudiante

   Puntaje integral   1 2 3 4 $\times$ 25 puntos cada uno = _____

                   (encierre uno)

                                                  Total de escritura

                                                  [   ]

Niveles de desempeño
(Elija el nivel de desempeño adecuado.)

Lectura

Lector limitado (Por debajo de 60)	Lector básico (a nivel) (60)	Lector hábil (a nivel) (70–80)	Lector avanzado (90–100)
○	○	○	○

Escritura

Escritor limitado (Por debajo de 50)	Escritor básico (a nivel) (50)	Escritor hábil (a nivel) (75)	Escritor avanzado (100)
○	○	○	○

☐ El estudiante recibió ayuda mientras tomaba esta evaluación.

Comentarios _____

_____

For permission to translate/reprint copyrighted material, grateful acknowledgment is made to the following sources:

Katherine Burton: "Dragon in a Wagon" by Katherine Burton from *Ladybug* Magazine, November 1997. Text © 1997 by Katherine Burton.

Valeri Gorbachev: "The Best Cat" by Valeri Gorbachev from *Ladybug* Magazine, November 2000. © 2000 by Valeri Gorbachev.

Mark Graham: Illustrations by Mark Graham from "Dragon in a Wagon" by Katherine Burton in *Ladybug* Magazine, November 1997.

Printed in the United States of America

ISBN 0-15-332528-3

1 2 3 4 5 6 7 8 9 10   022   10 09 08 07 06 05 04 03 02 01

Excursión a una granja

¿Adónde van los niños?

Ann y Sam están contentos.
Van de excursión a una granja.
Allí verán muchos animales.
Ann quiere ver un cerdo.
Sam quiere ver algunos caballos.

1. Este cuento se trata de _____ .

Ⓐ la pesca

Ⓑ una excursión a una granja

Ⓒ una niña

2. ¿Qué quiere hacer Sam?

Ⓐ montar bicicleta

Ⓑ jugar con Ann

Ⓒ ver a los caballos

ALTO

Harcourt • Evaluación integral

Un dragón en un vagón

por Catherine Burton • ilustraciones de Mark Graham

¿Qué hay en el vagón?

Un dragón viaja en mi vagón,
y no se quiere bajar.

Se lo he pedido amablemente,
pero él se niega sonriente.

Creo que quiere descansar,
pues se ha empezado a acurrucar.

SIGUE ▶

Ahora mi atractivo vagón
(con todo y el durmiente dragón)
dejó de ser un vagón:
ya es un agradable colchón.

SIGUE ▶

1. ¿Dónde está el dragón?

   Ⓐ en la televisión

   🅑 en un vagón

   Ⓒ en una cueva

2. ¿Qué quiere hacer el dragón?

   🅐 dormir

   Ⓑ jugar

   Ⓒ comer

3. ¿Qué palabra suena como <u>acurrucar</u>?

   Ⓐ cueva

   Ⓑ vagón

   🅒 descansar

SIGUE ▶

Harcourt • Evaluación integral

4. ¿Qué otro animal hace un nido?
Dibuja otro animal que hace su nido. Escribe algunas oraciones explicando tu dibujo.

SIGUE

El mejor gato del mundo

por Valeri Gorbachev

¿Quién es Bootsy?

—Miren a nuestro Bootsy
—dijo la abuela—.
Parece un cirquero.

—¡No! —dijo Ginny—. Bootsy
no es ningún payaso.

**SIGUE**

—¡Miren! —dijo Jeff—. Bootsy es una estrella del fútbol.

—¡No! —dijo Ginny—. Bootsy no es futbolista.

SIGUE ▶

—¡Vean! —dijo Mary—. Bootsy parece
un bebé.

—¡No! —dijo Ginny—. Bootsy no es un
bebé. Sólo es un gato. ¡Pero es
el mejor gato del mundo!

SIGUE ▶

5. La abuela piensa que Bootsy es _____.

    Ⓐ un pez

    Ⓑ un león

    Ⓒ un payaso

6. Jeff piensa que Bootsy es _____.

    Ⓐ una estrella del fútbol

    Ⓑ un perro grande

    Ⓒ un pequeño zorrito

7. Mary piensa que Bootsy es _____.

    Ⓐ una almohada

    Ⓑ un títere

    Ⓒ un bebé

8. ¿Qué piensa Ginny que es Bootsy?
Haz un dibujo que muestre qué piensa Ginny
que es Bootsy. Explica tu dibujo.

Harcourt • Evaluación integral

Escribe una historia contando lo que sucede en el dibujo. Busca un título para tu historia. Asegúrate de que tu relato tenga un principio, un medio y un fin.

Título: _____

¿Qué saldrá del huevo?

_____

¿Qué será lo próximo que sucederá?

_____

¿Qué pasará al final de tu historia?

_____

Nombre _____

Escribe una historia contando lo que sucede en el dibujo. Busca un título para tu historia. Asegúrate de que tu relato tenga un principio, un medio y un fin.

Harcourt • Evaluación integral

• TROFEOS •

Recorrer lugares • Tema 6

Harcourt

www.harcourtschool.com

Part No. 9997-41095-5

ISBN 0-15-332528-3 (Package of 12)

1–5

Trofeos

HOLISTIC ASSESSMENT
Class Record Form

Teacher _____

School _____

Student Name	*Adivina quién* Book 1-1		*Alcanza un sueño* Book 1-2		*Aquí y allá* Book 1-3	
	Total Reading	Date ___ Comments	Total Reading	Date ___ Comments	Total Reading	Date ___ Comments

HOLISTIC ASSESSMENT
Class Record Form

Trofeos

Teacher _____

School _____

Student Name	*Todos juntos* Book 1-4			*¡Acérquense!* Book 1-5		
	Total Reading	Total Writing	Date _____ Comments	Total Reading	Total Writing	Date _____ Comments

Estimados padres y representantes:

Recientemente, su niño tomó una prueba de comprensión de la lectura del programa *Trofeos*. Esta prueba fue dada al final de una unidad o tema para observar el progreso de su niño en el programa.

En esta prueba su niño leyó dos selecciones independientemente, después contestó algunas preguntas de comprensión. Las preguntas eran: "preguntas de respuestas múltiples" y "preguntas libres o abiertas". En las preguntas libres su niño escribió o dibujó respuestas originales tomando ideas de las selecciones.

Los resultados de esta prueba muestran el nivel de rendimiento de los niños. El nivel de rendimiento de su niño está indicado abajo:

❑ *Avanzado*   ❑ *Hábil*   ❑ *Básico*   ❑ *Limitado*

Niveles de rendimiento en la lectura			
Avanzado	*Hábil*	*Básico*	*Limitado*
El niño se desempeña muy bien y no debería tener dificultad para avanzar en el programa.	El niño se desempeña bien en el programa pero puede necesitar alguna asistencia.	El niño tiene algunas dificultades en el programa y normalmente necesita ayuda adicional.	El niño tiene gran dificultad en el programa y siempre necesita considerable asistencia.

Si tiene preguntas sobre esta prueba o le gustaría recibir algunas sugerencias o actividades para hacer en la casa a fin de apoyar el desarrollo de la lectura de su niño, por favor comuníquese conmigo.

Sinceramente,

Comentarios adicionales:

_____

_____

_____

_____

Estimados padres y representantes:

Recientemente, su niño tomó una prueba de evaluación de escritura del programa *Trofeos*. Esta prueba fue dada al final de una unidad o tema para observar el progreso de su niño en el programa.

En esta prueba su niño tuvo que redactar una escritura original de un tema. Esta prueba evalúa las destrezas de lenguaje del niño como así también sus habilidades para escribir.

Los resultados de esta evaluación muestran el nivel de rendimiento de los niños. El nivel de rendimiento de su niño está indicado abajo:

❏ *Avanzado*   ❏ *Hábil*   ❏ *Básico*   ❏ *Limitado*

Niveles de rendimiento en la escritura			
Avanzado	*Hábil*	*Básico*	*Limitado*
El niño es un escritor excelente que muestra un consistente control del lenguaje escrito.	El niño es un buen escritor que muestra un control general del lenguaje escrito.	El niño tiene algunas dificultades para escribir efectivamente y falta de control para el lenguaje escrito.	El niño tiene gran dificultad para la escritura y falta de control de las con-venciones básicas del lenguaje escrito.

Si tiene preguntas sobre esta prueba o le gustaría recibir algunas sugerencias o actividades para hacer en la casa a fin de ayudar a mejorar la escritura de su niño, por favor comuníquese conmigo.

Sinceramente,

Comentarios adicionales

_____

_____

_____

Harcourt • Holistic Reading Assessment